亲子游戏

和孩子一起快乐运动

李瑞锋 著

山西出版传媒集团
山西科学技术出版社

图书在版编目（CIP）数据

亲子游戏：和孩子一起快乐运动 / 李瑞锋著 . —太原：山西科学技术出版社，2023.3（2024.4 重印）
ISBN 978-7-5377-6236-6

Ⅰ . ①亲… Ⅱ . ①李… Ⅲ . ①智力游戏—儿童读物 Ⅳ . ① G898.2

中国版本图书馆 CIP 数据核字（2022）第 247318 号

亲子游戏：和孩子一起快乐运动
QINZIYOUXI：HE HAIZI YIQI KUAILE YUNDONG

出 版 人	阎文凯
著 者	李瑞锋
策 划 编 辑	徐俊杰
责 任 编 辑	徐俊杰
封 面 设 计	吕雁军
版 式 设 计	许艳秋

出 版 发 行	山西出版传媒集团·山西科学技术出版社
	地址：太原市建设南路 21 号　邮编：030012
编辑部电话	0351-4922107
发行部电话	0351-4922121
经　　　销	各地新华书店
印　　　刷	河北环京美印刷有限公司

开　　　本	889mm×1194mm　1/32
印　　　张	3
字　　　数	50 千字
版　　　次	2023 年 3 月第 1 版
印　　　次	2024 年 4 月河北第 2 次印刷
书　　　号	ISBN 978-7-5377-6236-6
定　　　价	28.00 元

版权所有·侵权必究
如发现印装质量问题，影响阅读，请与我社发行部联系调换。

目 录

第一章 家庭亲子游戏 / 001

  一、案例分享 / 002

  二、亲子游戏的概念 / 008

  三、亲子游戏的意义与价值 / 009

第二章 平衡类亲子游戏 / 015

  一、天空之城 / 016

  二、单脚站立 / 017

  三、亲子小燕飞 / 018

  四、超级老虎撑 / 019

  五、双人双足 / 021

  六、独站为王 / 022

  七、亲子运输机 / 024

  八、运输鸡蛋 / 025

九、极限夹娃娃 / 026

十、轰炸盆地 / 028

第三章 反应类亲子游戏 / 031

一、抢积木 / 032

二、空中救援 / 034

三、原地反应练习 / 035

四、武林飞腿 / 037

五、龙飞凤舞 / 039

六、飞翔的气球 / 040

七、捕捉能手 / 042

八、跳跃击掌 / 044

九、你抛我接 / 045

十、棒打小脑瓜 / 047

第四章 力量类亲子游戏 / 049

一、高高在上 / 050

二、飞得更高 / 051

三、小小推车 / 052

四、横扫千军 / 054

五、飞跃双腿 / 056

六、飞跃火山 / 057

七、彩虹桥 / 059

八、亲子马里奥 / 061

九、顶天立地 / 063

十、人猿泰山 / 065

第五章 感统类亲子游戏 / 067

一、前滚翻 / 068

二、站如松 / 070

三、猴子上树 / 072

四、火箭发射 / 075

五、直升机 / 077

六、翻山越岭 / 079

七、亲子卡车 / 081

八、人体秋千 / 083

九、夹娃娃机 / 086

十、齐心协力 / 089

第一章 家庭亲子游戏

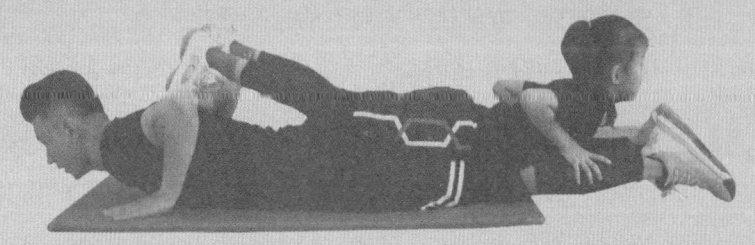

一、案例分享

故事一

豆豆小朋友是我之前训练过的一个五岁小男孩。第一次见他的时候,我挺意外的。那是一个午后,当时我在公司坐着,正在认真地准备当天的课程。这个时候,店里老师喊我,说今晚预约的小朋友提前过来了。因为之前跟孩子妈妈沟通的时候就了解到小朋友有点怕生,所以妈妈想提前把小朋友带过来熟悉一下陌生的环境,同时也想和我先认识一下。这样的话,方便接下来要上的运动课程。

听到老师喊我的时候,我起身往外走,还没有走到门口,就看到一个小男孩紧紧地躲在妈妈的身后。当我的目光看向他的时候,他的眼神瞬间看向了另一侧,不敢跟我对视,并且将妈妈抱得越来越紧,嘴里还怯生生地喊着:"妈妈,我们走吧,不要来这里。"但是在他说话的同时,眼睛还是向店里面望去。我顺着他的目光看到了店里面过家家的玩具桌，我心里想，他肯定对那些玩具比较感兴趣。然后我和他说："你去里面玩那些玩具吧，让妈妈带着你过去。"接着，我跟他妈妈说："您先带宝贝过去，我过一会再去找你们。"

大概过了十分钟，小朋友在过家家玩具桌旁边玩得很投入。我看他在做西餐，然后，我一点点地靠近他。在这期间，他其实已经注意到我了，但没有特别拒绝的意思。等到我距离他大概还有两米的时候，我停在了那里。然后蹲下来，非常小声地问了他一句："你是在做蛋糕吗？好吃吗？"这一次我失望而归，他只是看了我一眼，然后继续玩自己的。

又过了五分钟左右的时候，我又一次尝试去靠近他。相比于上次，这次距离他更近一些，大概在一米的距离，我看他也没有特别抵触。这次他好像是在做饼干，然后我慢慢蹲下来问他："这次你做的是饼干吗？是蔬菜味道的吗？"结果还是没有成功，他还是只看了我一眼，然后继续忙自己的。

又过了五分钟左右，我再次靠近他，这次距离更加近了一些，大概只有半米了。他只是看了我一眼，然后我还是慢慢蹲在了他的旁边。他这次在做果汁，然后我问他："你做的是苹果果汁吗？""不是，是草莓的。"他说道。我心里想，太棒了，小朋友终于愿意开口跟我说话了。我紧接着问道："那草莓果汁好喝吗？""好喝啊！"他说道。我又说道："我现在有点口渴，你能帮我做一杯吗？""当然可以了啊！"他说。接着，他就用特别小的杯子，假装帮我做了一杯，递给了我。我假装喝了一口，然后说："哇，这个味道真好喝啊，非常甜，谢谢你，豆豆。"他笑了笑，什么也没有说。

后面上课的过程就顺其自然，慢慢熟悉之后，我带着他开始进行阶段性、系统性的训练，同时有针对性地提升他的自信心。

后来跟孩子妈妈沟通之后才了解到，由于豆豆爸妈经常出差，不能时刻陪伴小朋友。很多时候，豆豆就由奶奶照顾。而且因为奶奶上了年纪，带着豆豆出去，根本就追不上他，奶奶害怕出现危险，所以就经常待在家里，不能经常带豆豆出去跟别的小朋友玩耍。平时奶奶跟豆豆沟通很少，导致豆豆小朋友自身的安全感不足，所以对于陌生的环境和人，都有很大的抵触心理。

故事二

苗苗小朋友是我之前训练过的一个六岁小女孩，大大的眼睛，头上梳着两个小辫子，非常可爱。

苗苗来店里时，还有十分钟我就要准备开始运动课程了。我蹲下来跟苗苗打完招呼之后，对她说了一句："走吧，我们一起进去吧，马上就要准备开始篮球游戏了。""我不会打篮球，我不会！"苗苗突然大声喊道。苗苗这一声突然把我拉回了现实，我想一个六岁的小朋友，很多在幼儿园里都已经开始尝试并基本掌握拍球的动作了，但为什么苗苗会有这样的表现呢？来不及多想，我顺着苗苗说："不会打篮球没有关系啊，我们今天就是玩篮球游戏的。"我主动伸出手，去拉苗苗的小手，她这个时候还是怯怯地把小手伸出来，然后我拉着她进入了教室。

进入教室之后，她只是一个人呆呆地站在门口的位置，不敢往里面靠近，我先跑到篮球筐旁边，拿了一个适合她的篮球，回到了她的身边，然后说："你先拿着这个篮球。"她慢慢地把两只手伸出来，然后我把球放在了她的两手之上。我稍微往后退了大概半米，说："你把这个球抛一下，看看能不能传给我。"她只是轻轻地往前面一丢，我顺势接住了她的球,说:"好棒啊,这个传球很不错。"听到我说这句话,她的目光里开始有了一丝丝的泛光。然后我又说道:"这次我距离你远一点,你再多用点力,可以吗?"她只是微微地点了点头。然后,我又多退后了一点,她这次果然比上一次用力多了一些,反复做了几次之后,我说:"让我们尝试一次拍球吧。"这个时候,她眼神里又开始透露出了一丝恐惧,我看到了她的眼神,说:"我相信你是可以的,我们从最简单的开始吧,我会站在旁边帮助你,不要怕失败,我们只有多尝试,才能更加成功,你觉得呢?"她点了点头。

第一次尝试,我说:"你只需要这样,用你的两只手把球抱起来,然后双手把球举高,大概放在你胸口的位置,接着伸直双手,放手,球就会落下,等球弹起来的时候,你把它接住就可以,怎么样?"她看着我,说:"好的。"没有想到,第一次非常轻松。反复做了几次,她都做得很棒。期间,我一直在给她鼓励加油。

第二次难度尝试,我说:"这次呢,我们把手放在球的斜上方,然后把球举起来。这次把球放在跟腰部位置差不多的地方就可以,并且双手稍微用力往下压,同样等球弹起来的时候把球接住,我相信你也是可以的。"这次明显看到她已经更加自信了，她说："好的，没问题。"果然不出所料，她做得很棒，又反复做了几次，依旧表现很棒，同样我还是一直在旁边鼓励她。

第三次难度尝试，我说："这次呢，我们把球放地面上，一只手放在球的正上方，五指分开，另外一只手放在球的侧面，接下来我们要尝试单手拍球了，我相信同样可以完成的，你想挑战一下吗？"她说："好的，我想。"她的眼神里面已经充满了期待，但是让我没有想到的是，她居然会拍球，而且拍得很不错。这个画面与孩子听到篮球的第一瞬间的画面产生了巨大的反差。我一直在想为什么，心里琢磨着下课之后一定要跟她的妈妈好好沟通一下。

这节课孩子上课很顺利，并且整节课的表现很棒，从不敢表现，到中间全情投入课程当中，并到最后敢于去表现，这让她的妈妈也非常感动。

下课之后，我跟她妈妈沟通才知道真正的原因。孩子从四岁开始接触各种各样的课外班，如美术、音乐、篮球、体能、乒乓球等课程，但是在妈妈的眼里，孩子永远不是最好的。每次孩子兴高采烈地跑过去跟妈妈说，"你看我画的这幅画""你看我唱的这首歌""你看我打的乒乓球"，而孩子妈妈的回复永远是，"你看你们班里的谁谁谁，人家咋画得那么好""你看你们班里的谁谁谁,唱得那么完美"……从而导致苗苗认为自己永远做得不够好,不够完美,更不敢轻易去尝试更多的新鲜事物。

这样的亲子关系,相信大家见过很多。在父母的眼睛里,孩子永远是不完美的,永远没有办法跟别家的孩子比,父母的眼里永远只有别人家的孩子。这样的话会给孩子造成很大的伤害。

二、亲子游戏的概念

很多人听到亲子游戏,都觉得那不就是带着孩子去游乐场吗?不就是带着孩子去玩沙子吗?不就是带着孩子去买玩具吗……

其实不然,我所认为的亲子游戏,是真正意义上的亲子互动时间,而不是把孩子放在任何他(她)可以自己玩耍的地方,而父母只是作为一名监护者、一名看管者而已。

亲子游戏时间是真正属于家长和孩子的亲密时间,我们每天只需要腾出来十分钟就可以。在这宝贵的时间里,家长需要放下手机,放下手头的工作,全心全意地陪着孩子玩游戏，同时在游戏过程中，家长们不要做任何的评判，只是专心地陪孩子进行游戏。

如果我们能够做到频率更高，时间更长，那我相信效果一定更好！

因为我是学体育出身，并且一直从事跟孩子运动相关的行业，深知运动能够带给孩子的价值是无限的。而且对于孩子来说，玩是他们的天性，真正能够让孩子释放天性地"玩"，就是陪着孩子跑跑跳跳、打打闹闹。所以我更迫切地希望有更多的家长加入亲子游戏的队伍当中来！

三、亲子游戏的意义与价值

1.安全感的建立

经常和小朋友进行亲子游戏，有很多好处。第一，能够跟孩子有更多的亲密接触；第二，能够给孩子提供一些必要帮助；第三，能够及时回应孩子的一些基本诉求。这三个方面如果我们家长做得足够好，孩子会对我们的环境了解更透彻，同时会帮孩子建立一个安全和谐的世界观，让孩子能够体会到足够的安全感。这样孩子以后去到陌生环境,见陌生人,都不会害怕和抵触。而且安全感更强的孩子,适应外界环境的能力更强。

2.信任感的建立

亲子关系是每个孩子一出生与父母建立的第一种社会关系。孩子不会说话的时候,可能会用哭声来表达诉求。孩子会说话的时候,会直接表达自己的需求。往往这个时候,很多父母视而不见、听而不闻,任由孩子去哭、去闹,而孩子哭闹,很多时候是因为父母没有做到跟他们约定好的事情。这种时候,孩子会产生巨大的心理落差。孩子心里会想:为什么我爸爸答应我的事情不去做,为什么我妈妈说会给我买的玩具没有买,为什么我爸爸说陪我去玩却不去了……

如果孩子对于父母都有很多的不信任,谈何让孩子去相信他的朋友、相信他的同学、相信他的老师呢?

3.自信心的建立

孩子在小时候,自信心的建立最主要的来源是对于自己身体的控制能力。随着年龄增长，孩子能够逐步完成一些基本挑战，对于孩子自信心的提升会有更大的帮助。举例来说，孩子小的时候刚开始学会用筷子、拉拉链，这些在我们看来微不足道的事情，对于孩子来说就是一个长足的进步。可现实生活往往相反，很多家长为了节省时间，直接帮孩子做了很多的事情，而孩子也就无从体会这种成就感。成就感是孩子自信心建立的一个基本源泉。

而当孩子的自信心越来越强之后，相信他以后在学习、生活当中肯定会敢于挑战一些未知的困难，对于孩子以后适应复杂的社会环境是非常有利的。

4.运动素质的提升

孩子的健康成长，如果从体适能角度来分析的话，需要心肺功能、肌肉力量、耐力、柔韧性、平衡能力、协调能力、速度、爆发力、灵敏性、协调性等综合身体素质。而我们在跟孩子进行亲子游戏的时候，肯定能够锻炼到孩子的各项身体素质。同时我们也需要结合孩子自身的实际需求，假如孩子的力量不足，那我们就多陪孩子玩一些能够增强孩子力量的游戏。在陪孩子游戏的过程当中，还能顺便提高孩子的各项运动素质，何乐而不为呢！

5.注意力的提升

注意力是很多家长都非常关注的一个话题。因为注意力往往会影响孩子以后的学习成绩，并且对于孩子未来整体发展都有至关重要的作用。那亲子游戏是如何帮助孩子提高注意力系统的呢？我们从以下三个角度进行分析。

第一个角度：感觉统合系统。

很多孩子注意力不集中是感统失调导致的。前庭觉失调、本体觉失调、视知觉失调、听知觉失调等都会导致孩子的注意力分散。而我们亲子游戏可以针对各个系统进行专门训练，并且很有趣味性，能让孩子更加愿意参加、融入，帮孩子解决这方面的问题，在本书的后面会有一章内容专门解决这个问题。

第二个角度：体适能系统。

很多孩子注意力不集中，并不是一开始不能集中，而是持续的时间不够长。这个就跟孩子本身的体能储备有很大关系。孩子其实跟我们成年人一样，当我们体内糖分储备不足时，就会容易犯困，很难将注意力集中。要想孩子注意力更好，同时持续时间更长，那孩子的体能储备就需要相当足。这就和孩子平时运动、训练的系统性有很大关系了。

第三个角度：运动生理学系统。

从生理学角度分析，经常运动的孩子，会打开人体的注意力系统，并且让注意力更加集中。这和孩子在运动时，人体自身分泌的多巴胺和肾上腺素有很大的关系。这两种激素相互帮助，让孩子的注意力系统更加完善。

6.学习能力的提升

所有家长都望子成龙、望女成凤，但是家长却忽略了一点，学习能力的范围非常广，而不仅仅局限于学习成绩。从上小学开始，很多家长的目光就紧盯孩子的学习成绩，无可厚非。但是学习能力的培养和提升最重要的是孩子的兴趣培养。我们通过亲子游戏，激发孩子的探索之心，让孩子对很多未知事物充满兴趣,敢于去探索。这样的孩子,未来不管是在学习上、社交上都会主动积极地去应对,我们父母才会更轻松。

第二章 平衡类亲子游戏

一、天空之城

1. **适合年龄**：2-7岁。
2. **具体方法**：家长平躺在瑜伽垫上。小朋友和家长方向相反，趴在家长身上。小朋友手撑在家长腿上，家长把小朋友双腿举起。两人形成一个桥的形状。
3. **训练次数**：坚持10-15秒为一组，训练4-6组。
4. **训练目的**：增强小朋友的核心力量、上肢力量。提升孩子的身体控制能力。

二、单脚站立

1. **适合年龄**：2-12岁。

2. **具体方法**：家长和小朋友面对面站好，家长和小朋友手牵手，进行同侧单脚站立。在单脚站立过程当中，尽量双方不相互借力。5-7岁小朋友可以尝试自己单独站立。8-12岁小朋友可以尝试单脚站立，并闭上眼睛。闭眼时，要注意安全。

3. **训练次数**：坚持10秒以上为一组，做完一侧换另一侧，每次进行4-6组训练。

4. **训练目的**：增强孩子核心力量、踝关节力量。提升孩子身体的控制能力。闭眼时，还可以训练孩子的前庭功能，提升孩子的专注力。

三、亲子小燕飞

1.适合年龄：2岁以上。

2.具体方法：家长和小朋友面对面趴在垫子上。听到家长说"开始"的时候，家长和小朋友同时将手臂和腿抬起。一定要注意，让大腿离开地面。

3.训练次数：保持10-15秒为一组。7岁以上小朋友可以坚持20秒以上。每次训练4-6组。

4.训练目的：增强孩子下背部肌肉力量。提升孩子身体的控制能力。

四、超级老虎撑

1.适合年龄：2-8岁。

2.具体方法：家长先趴在垫子上，然后小朋友反向趴在家长后背上。听到家长说"开始"的时候，家长和小朋友同

时做支撑，用手和脚将身体撑起来。切记身体呈一条直线，不要把臀部抬得太高。

  3. 训练次数：保持15–20秒为一组，训练4–6组。

4.训练目的：增强孩子的核心力量、上肢力量。提升孩子身体的控制能力。

五、双人双足

1.适合年龄：2-7岁。

2.具体方法：家长和小朋友面朝同一个方向站好，小朋友站在家长前面。听到"开始"口令后，小朋友把双脚踩在家长的双脚上，然后同步前行。在行进过程当中，家长可以

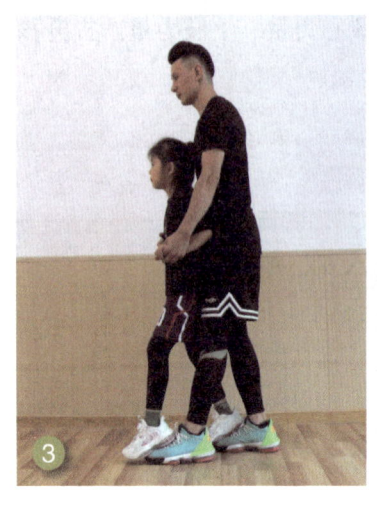 

把双手放在小朋友腋下,进行保护,防止摔倒。

  3.**训练次数**:每组前行6-8米,每次训练4-6组。

  4.**训练目的**:增加亲子感情。提升孩子的平衡能力、身体控制能力。增强孩子脚踝的力量。

六、独站为王

  1.**适合年龄**:5-12岁。

  2.**具体方法**:家长和小朋友面对面站好,双手紧握。开

始之后，家长和小朋友各自抬起对侧一只脚，然后慢慢进行下蹲。刚开始可以进行半蹲，如果力量较好，则可进行深蹲。每一侧腿做3次，换另一侧。

3.训练次数：每次训练3-5组。

4.训练目的：增强孩子腿部力量、脚踝力量。提升孩子身体的控制能力。

七、亲子运输机

1.**适合年龄**：3-12岁。

2.**具体方法**：家长和小朋友面对面站好，准备一个沙包或小布偶。开始之后，家长和小朋友用头顶头的方式，将布偶运送到终点。在运送过程当中，不能借用其他外力，只能用头顶住。

3.**训练次数**：每组运送4-6米，训练4-6组。

4.训练目的：提升孩子身体的控制力和控物能力。增进亲子感情。

八、运输鸡蛋

1.适合年龄：4-12岁。

2.具体方法：家长帮小朋友准备一个小勺和一颗鸡蛋。开始之后，小朋友手持小勺，保持平稳。家长将鸡蛋放入小勺当中。小朋友持稳小勺，慢慢向前行进，在行进过程当中，保证鸡蛋不掉落。若家长担心鸡蛋掉落，可准备一个熟鸡蛋或其他道具。

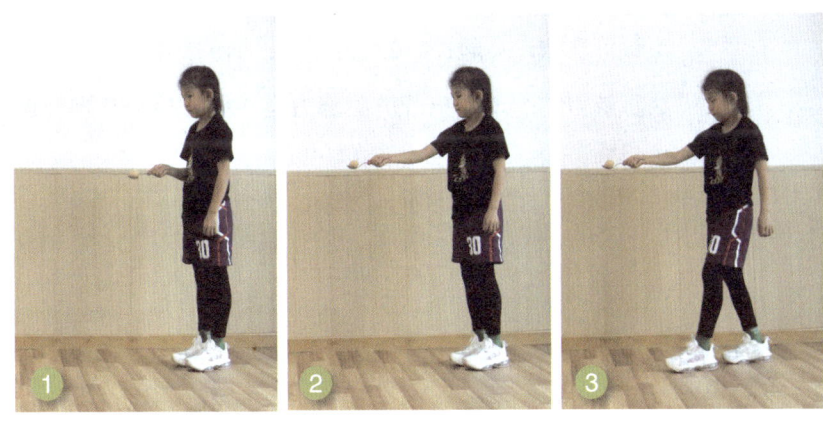

3. 训练次数：每组前行3-5米，训练4-6组。

4. 训练目的：提升孩子的平衡能力。提高孩子的专注力。增强孩子手部的控物能力。

九、极限夹娃娃

1. 适合年龄：3-12岁。

2. 具体方法：给家长和小朋友每人准备一个沙包或布偶和一张垫子。家长和小朋友都坐在垫子上，双手撑在身体后侧，双脚夹住布偶。听到"开始"口令之后，家长和小朋友将双腿伸直抬起，并夹住布偶，抬至最高。然后慢慢放下，中途布偶不能掉落。

3. 训练次数：夹起10-12次为一组，训练2-4组。

4. 训练目的：增强孩子的腹部力量。提升孩子双脚的控制能力。

第二章 平衡类亲子游戏

十、轰炸盆地

1. **适合年龄**：3岁以上。

2. **具体方法**：帮小朋友准备若干玩偶或沙包和一个水盆或筐子。小朋友站在距离筐子20厘米左右的地方，双脚夹住玩偶。听到开始口令后，用力跳起，并用双脚将玩偶投入筐子中。

3. **训练次数**：6-8次为一组，训练4-6组。

4. **训练目的**：提升孩子的平衡能力和双脚的控物能力。增强孩子的腿部力量。

第二章 平衡类亲子游戏

第三章 反应类亲子游戏

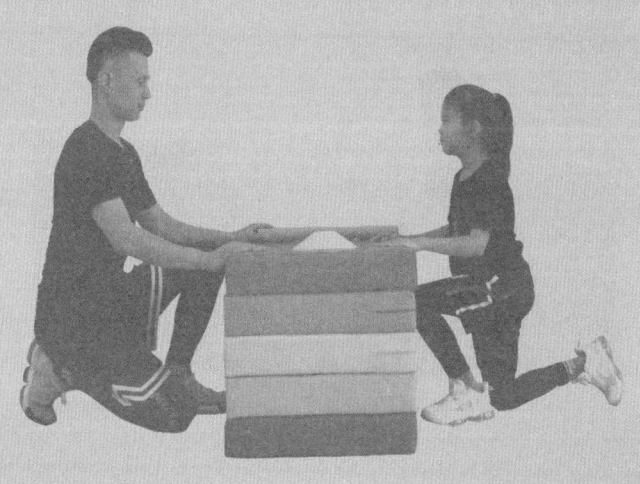

一、抢积木

1.**适合年龄**：2-12岁。

2.**具体方法**：准备小积木若干，颜色最好区分开。开始之后，小朋友和家长面对面做平板支撑，将积木放在两人之间。家长喊口令，比如"红色"，小朋友和家长一起用一只手去抢红色积木，看谁能够抢到，抢到之后放在各自身体两侧。

3.训练次数：每组抢8-10次，训练3-5组。

4.训练目的：提高小朋友的反应速度。提升小朋友的专注力。增强小朋友的核心力量和上肢力量。

二、空中救援

1. **适合年龄**：3-8岁。

2. **具体方法**：准备一个毛绒玩具或沙包。家长和小朋友面对面站好，家长将毛绒玩具举高，瞬间放下，不做提醒。小朋友伸开双手，将毛绒玩具顺势接住。从大到小选取不同尺寸的毛绒玩具或其他道具，可以增加游戏的难度。

3. **训练次数**：每组进行8-10次，训练4-6组。

4. **训练目的**：提高小朋友的反应速度。提升小朋友的专注力和空间方位感的判断能力。

三、原地反应练习

1.**适合年龄**：3-12岁。

2.**具体方法**：家长蹲在小朋友的前方。小朋友听口令或看手势做不同的动作。比如，家长喊"1"，小朋友蹲下。家长喊"2"，小朋友起立。家长喊"3"，小朋友向前跳一次。家长喊"4"，小朋友向后跳一次。

3.**训练次数**：每组进行15-20次，训练4-6组。

4.**训练目的**：提高小朋友的反应速度。提升小朋友的专注力。提高小朋友的身体控制能力。

亲子游戏：和孩子一起快乐运动

四、武林飞腿

1. 适合年龄：3-8岁。

2. 具体方法：家长和小朋友面对面站好。家长手里拿一个毛绒玩具或沙包，把玩具举到大概在小朋友可以踢得到的位置。家长放置玩具位置可以左右高低变换，小朋友根据位置用左右脚踢。

3. 训练次数：每组训练10-12次，训练4-6组。

4. 训练目的：提高小朋友的反应能力和空间方位感的判断能力。增强小朋友的腿部力量。

亲子游戏：和孩子一起快乐运动

五、龙飞凤舞

1.**适合年龄**：4-12岁。

2.**具体方法**：家长和小朋友面对面站好。听家长口令，小朋友第一次先将双臂同时从后向前以肩关节为轴转动。第二次将双臂同时向后以肩关节为轴转动。第三次一只手臂从后向前，一只手臂从前向后，同时转动。第四次与第三次相反。

3.**训练次数**：每组进行10-12次，训练3-5组。

4.**训练目的**：提高小朋友的反应能力。提升小朋友的双臂协调性和专注力。

六、飞翔的气球

1.适合年龄：3-12岁。

2.具体方法：准备一只充满气的气球，家长和小朋友面对面站好。听到家长喊"开始"之后，家长将气球抛向空中，然后家长和小朋友依次用手将气球进行拍打。气球在整个过程中，不能掉落在地面上。如果用手感觉比较简单，那就换成用头部顶。

3.训练次数：每组进行15-20秒，训练4-6组。

第三章 反应类亲子游戏

4.训练目的：提高小朋友的反应能力。提升小朋友的专注力和控物能力。

七、捕捉能手

1.适合年龄：3-12岁。

2.具体方法：家长和小朋友面对面站好，在两人中间摆放一张小桌子，然后在桌子上摆放一只一次性杯子。听到"开始"的口令后，家长和小朋友同时做原地小碎步跑的动作。第一次家长喊"抢"，看谁先抢到桌子上的小杯子。第二次由小朋友喊"开始"和"抢"，依次交替进行。游戏可增加难度，如道具换成不同颜色积木，口令改为"抢红色""抢蓝色"等。

3.训练次数：每组进行8-10次，训练4-6组。

4.训练目的：提高小朋友的反应能力。提升小朋友的专注力。

第三章 反应类亲子游戏

八、跳跃击掌

1. **适合年龄**：3-8岁。
2. **具体方法**：家长和小朋友面对面站好，同时迈出左脚，伸出右手，右手掌心相对。听到家长喊"跳"，双方做一次前后交替跳，同时换另外一只手做掌心相对，交替进行跳跃击掌。
3. **训练次数**：每组进行16-20次，训练4-6组。
4. **训练目的**：提高小朋友的反应能力。提升小朋友的专注力和上下肢的协调性。

九、你抛我接

1. **适合年龄**：3-8岁。

2. **具体方法**：家长和小朋友面对面站好，准备一个沙包或毛绒玩具。家长和小朋友间距2米左右，家长抛出道具，小朋友顺势接住。游戏可增加难度，如家长和小朋友横向移动，家长抛出道具，小朋友顺势接住。

3. **训练次数**：每组训练8-10次，训练4-6组。

4. **训练目的**：提高小朋友的反应能力。提升小朋友的专注力和控物能力。

十、棒打小脑瓜

1. **适合年龄**：4-12岁。
2. **具体方法**：准备一张小桌子，家长和小朋友面对面坐好，将小桌子放在中间，在小桌子上放一个充气棒或其他道具。家长和小朋友进行"石头剪刀布"的游戏，赢的人要快速拿道具轻轻拍打对方的脑袋，输的人可以快速用双手抱头，护住脑袋。
3. **训练次数**：每组进行15-18次，训练3-5组。
4. **训练目的**：提高小朋友的反应能力。提升小朋友的专注力和控物能力。

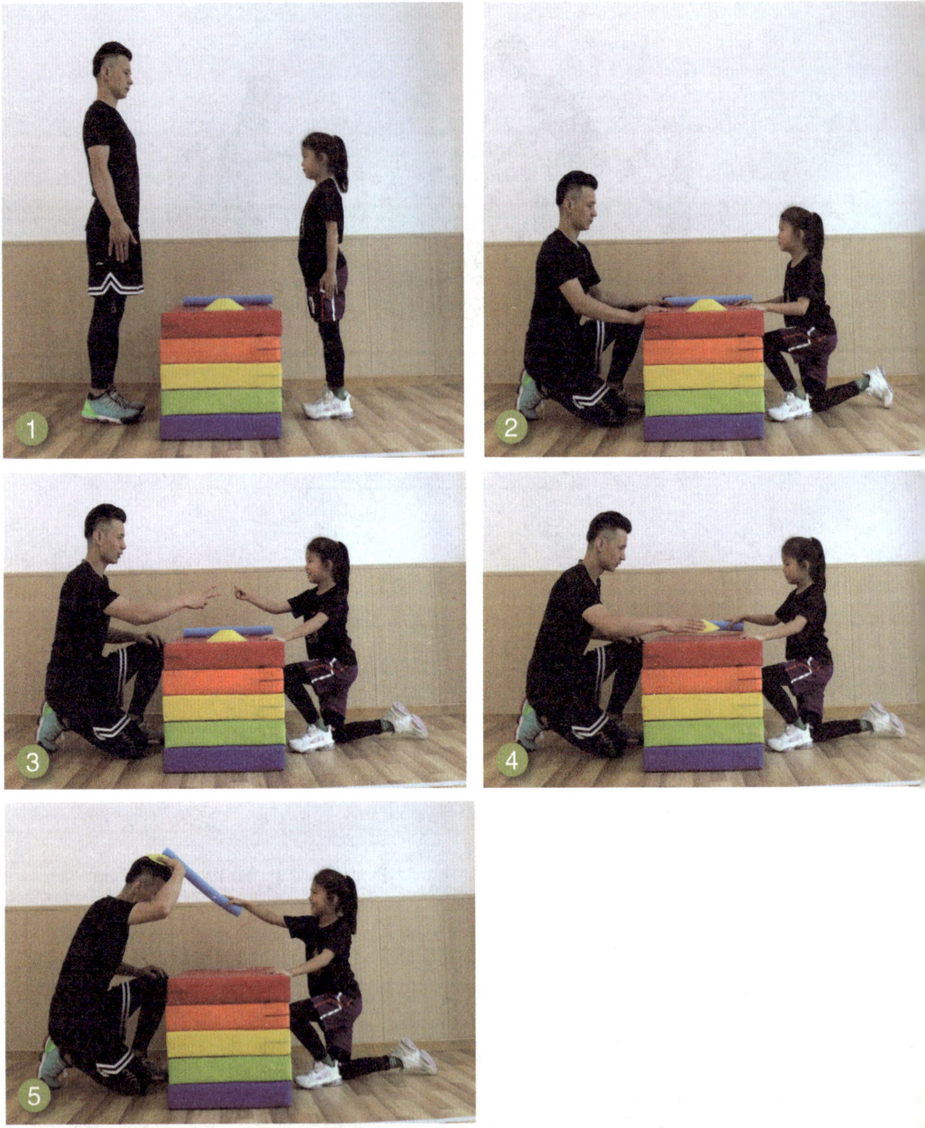

亲子游戏：和孩子一起快乐运动

第四章 力量类亲子游戏

一、高高在上

1. **适合年龄**：3-8岁。

2. **具体方法**：小朋友背对家长，站在家长的正前方，尽量贴紧家长。双方握紧双手。家长提醒小朋友尽量将身体向

下压,并将手臂伸直,然后家长慢慢地将小朋友撑起来。

3.训练次数:每组坚持12-15秒,训练4-6组。

4.训练目的:增强小朋友的上肢力量和核心力量。

二、飞得更高

1.适合年龄:3-8岁。

2.具体方法:家长和小朋友面对面站好。家长双手打开,让小朋友握紧家长大拇指,家长双手握紧小朋友的腕关节。当小朋友握紧之后,家长慢慢地将小朋友拉起,使其双脚同时离开地面。

3.训练次数:每组坚持12-15秒,训练4-6组。

4.训练目的:增强小朋友的上肢力量和核心力量。

三、小小推车

1. **适合年龄**：3-10岁。

2. **具体方法**：家长和小朋友面朝同一个方向站好。听到"开始"口令后,小朋友做平板支撑,家长用双手握住小朋友脚踝,慢慢将小朋友的双脚抬起,然后小朋友依靠双手向前行进。如果刚开始小朋友力量较弱,家长的双手可以握紧

第四章 力量类亲子游戏

小朋友的腰部，然后一点点往下移动。

3.**训练次数**：每组行进6-8米（可前后移动相加到一起），每次训练4-6组。

4.**训练目的**：增强小朋友的上肢力量和核心力量。

四、横扫千军

1.**适合年龄**：3-12岁。

2.**具体方法**：准备一根小木棍和一张垫子。家长和小朋友面对面站好，听到"开始"口令后，小朋友在垫子上做平板支撑。家长手持木棍，从小朋友的手下慢慢将木棍划过。当木棍过来的时候，小朋友用一只手撑地，当木棍过去之后，另外一只手交替。

3.**训练次数**：划过10-12次为一组，训练4-6组。

4.**训练目的**：增强小朋友的上肢力量和核心力量。提升小朋友的身体控制能力。

第四章 力量类亲子游戏

五、飞跃双腿

1. 适合年龄：3-10岁。

2. 具体方法：准备一张垫子，家长坐在垫子上，双腿伸直并拢。小朋友站在家长双腿一侧。听到家长喊"跳"的口令后，小朋友用力跳过家长的双腿。如果对于小朋友来说比较简单，家长可以适当地把双腿分开一些。

3. 训练次数：每组进行10-12次跳跃，训练4-6组。

4. 训练目的：增强小朋友的腿部力量，提高小朋友的腿部爆发力。

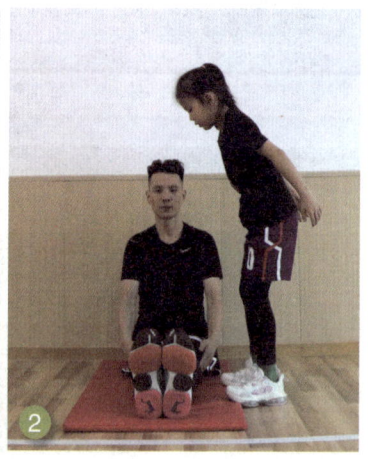

六、飞跃火山

1. 适合年龄：3-12岁。

2. 具体方法：准备多个一次性水杯或其他道具。家长站在侧面，在小朋友面前摆放一排道具（3-5个）。听到"开始"口令之后，小朋友用力跳跃过去。小朋友完成之后，家长可以再增加一排道具，让小朋友继续完成跳跃。为了增加趣味性，每次用的道具可以适当改变。

3. 训练次数：每组跳跃8-12次，训练4-6组。

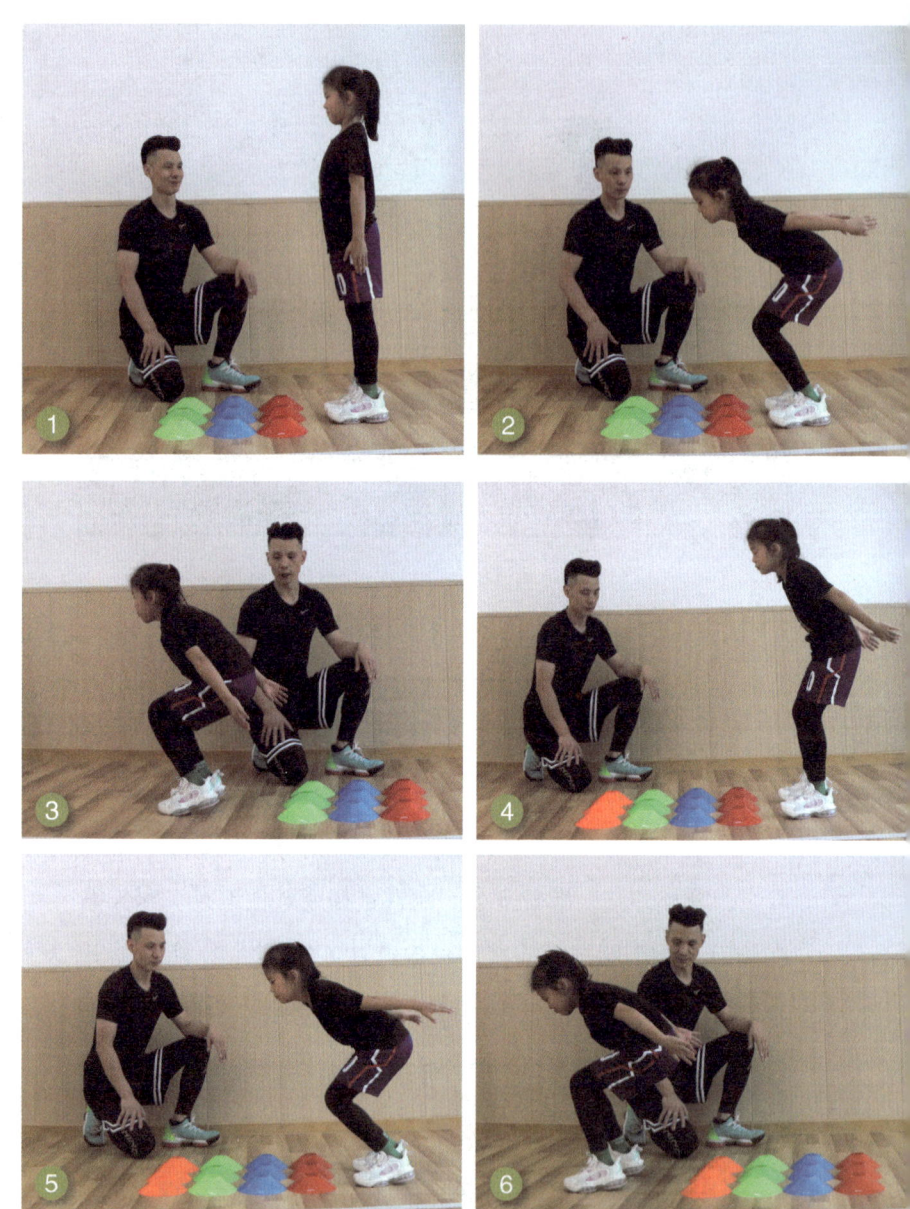

亲子游戏：和孩子一起快乐运动

058

4.训练目的：增强小朋友的腿部力量。增加小朋友的腿部爆发力。提升小朋友的上下肢协调性。

七、彩虹桥

1.适合年龄：4-12岁。

2.具体方法：准备一张垫子。家长和小朋友面对面坐在垫子上，双方都用双手撑在身后，然后抬起双脚，使双脚相对。如果小朋友核心力量较弱，则两脚相对保持一定时间就可以。如果力量较强，可以双脚相对进行上下移动的交换。

3.训练次数：双脚静止不动的话，每组保持12-15秒。双脚上下交换的话，每组保持15-20秒。每次训练4-6组。

4.训练目的：增强小朋友的核心力量和上肢力量。提升小朋友身体的控制能力。

亲子游戏：和孩子一起快乐运动

八、亲子马里奥

1. **适合年龄**：3-8岁。

2. **具体方法**：准备一张垫子，家长双手撑在垫子上，做平板支撑姿势。小朋友站在家长身体一侧，听到"开始"口令后，首先从家长双腿后面跳过，然后从家长身体下面爬过，算完整一组动作。

3. **训练次数**：每组训练10-12次，训练4-6组。

4. **训练目的**：增强小朋友的腿部力量和上肢力量。提升小朋友的上下肢协调性。

亲子游戏：和孩子一起快乐运动

九、顶天立地

1. **适合年龄**：3-12岁。
2. **具体方法**：家长和小朋友面对面站好。家长伸出一只手，放在距离小朋友头部5-8厘米高的地方，然后小朋友用力向上跳，尽力用自己的小脑袋顶到家长的手，连续完成5

亲子游戏：和孩子一起快乐运动

次算挑战成功。家长可一点点增加手部的高度,增加游戏的难度。

3.训练次数:每组训练15-20次,训练4-6组。

4.训练目的:增强小朋友的腿部力量。提升小朋友的上下肢协调性。

十、人猿泰山

1.适合年龄:3-8岁。

2.具体方法:家长和小朋友面对面站立。家长伸出一只

手臂做二头弯举动作。小朋友双手用力抱住家长的大臂。等小朋友准备好之后，家长慢慢用力抬起手臂，并尽量保持手臂动作不变，让小朋友感觉像猿猴一样悬挂在家长的手臂上。

3.训练次数：每组保持15-20秒，训练4-6组。

4.训练目的：增强小朋友的上肢力量和核心力量。

第五章 感统类亲子游戏

一、前滚翻

1. **适合年龄**：3-12岁。

2. **具体方法**：准备一张瑜伽垫。家长站在小朋友侧面，让小朋友站在垫子的一端，双脚略微分开，然后膝盖弯曲，双手撑在距离双脚10厘米左右的地方，低头。家长一只手放在小朋友的颈椎处，另一只手放在小朋友的臀部位置。听到"开始"口令之后，小朋友轻轻地蹬地，然后家长用放在臀部的手轻轻推小朋友，另外一只手保护好小朋友的颈椎，完整地完成一次前滚翻。

3. **训练次数**：每组训练8-10次，训练3-5组。

4. **训练目的**：刺激小朋友的前庭觉发育。提高小朋友的平衡能力。提升小朋友的专注力。

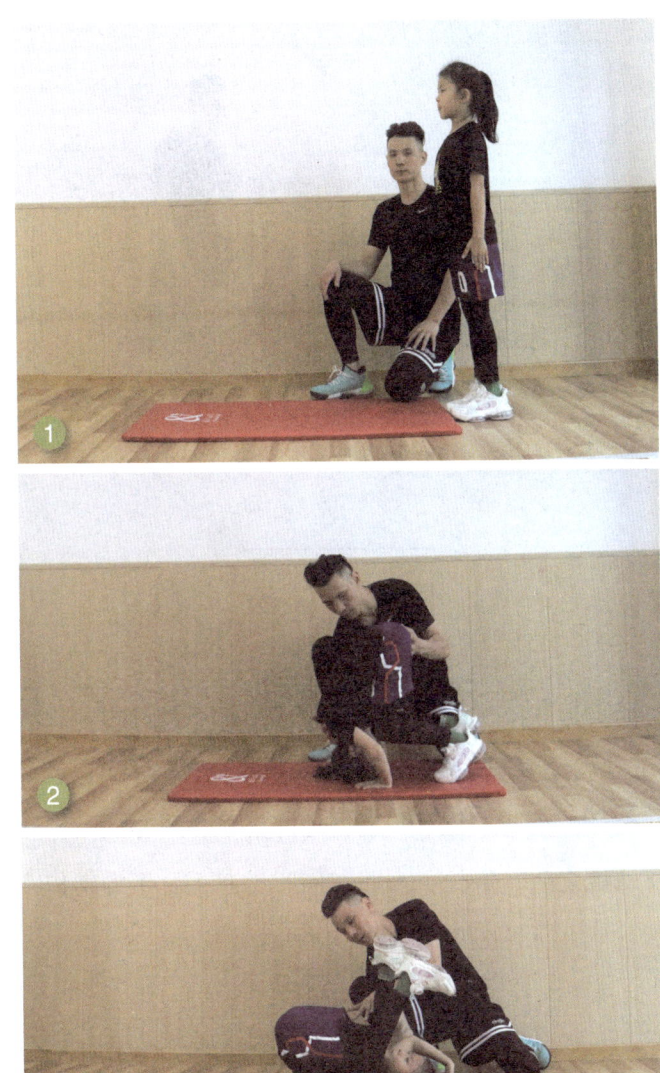

第五章 感统类亲子游戏

二、站如松

1.**适合年龄**：3-6岁。

2.**具体方法**：准备一张垫子。家长坐在垫子上，脚掌相对，坐稳。小朋友将双脚慢慢地踩在家长的膝盖处。在小朋友站稳之后，家长和小朋友同时做双手合十的动作，保持住。年龄较小的孩子可不要求手部动作。

3.**训练次数**：每组保持15-20秒，训练3-5组。

4.**训练目的**：刺激小朋友的本体觉发育。提高小朋友的平衡能力。提升小朋友的专注力。

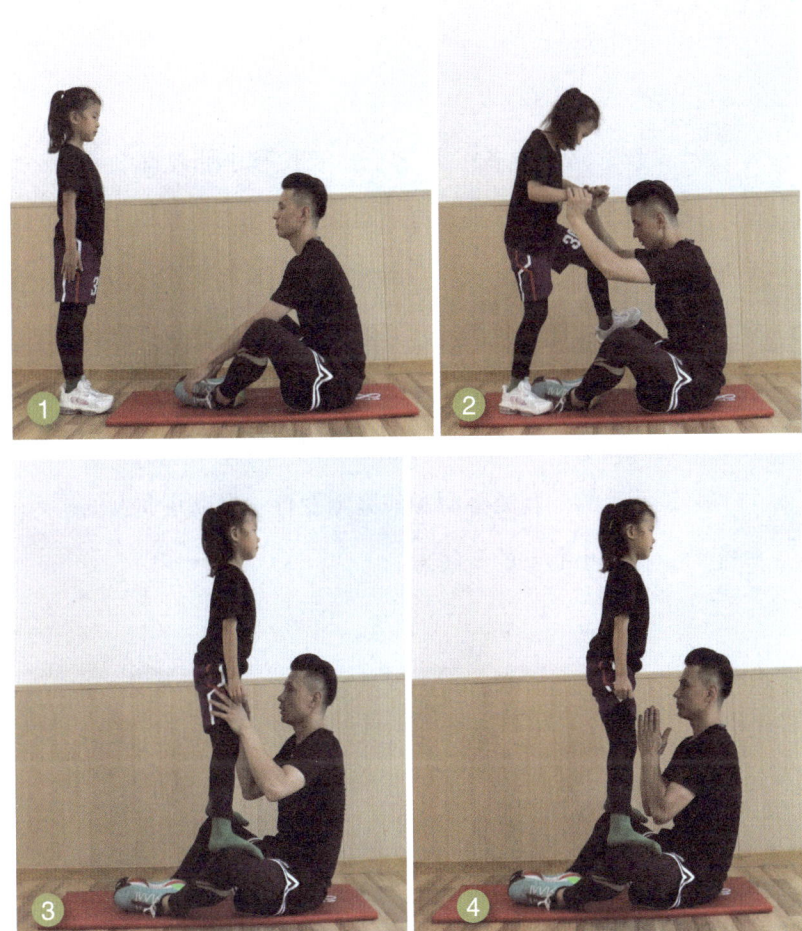

第五章 感统类亲子游戏

三、猴子上树

1. 适合年龄：3-8岁。

2. 具体方法：准备一张垫子，家长和小朋友踩在垫子上。家长和小朋友面对面站好，家长和小朋友握紧双手，然后家长站立不动，小朋友用双脚慢慢从家长脚部往上蹬，最终到最高位置，做一个翻滚。在此过程当中，一定要先做好热身，同时家长要握紧小朋友双手。

3. 训练次数：每组训练3-5次，训练3-5组。

4. 训练目的：刺激小朋友前庭觉发育。提高小朋友的平衡能力。提升小朋友的专注力。

第五章 感统类亲子游戏

四、火箭发射

1.**适合年龄**：3-8岁。

2.**具体方法**：家长站好，小朋友面朝家长的一侧站好。开始之后，小朋友身体用力绷紧，家长双手用力托住小朋友的核心位置，慢慢将小朋友托起来。起来稳定之后，家长慢慢地向前后移动，保护好小朋友。

3.**训练次数**：每组训练20-25秒，完成之后将小朋友缓缓放下。每次训练3-5组。

4.**训练目的**：刺激小朋友的前庭觉发育。提高小朋友的平衡能力。提升小朋友的专注力。

亲子游戏：和孩子一起快乐运动

五、直升机

1. **适合年龄**：3-8岁。

2. **具体方法**：准备一张垫子，家长和小朋友面对面站好。小朋友低头用双手去摸自己的脚踝。家长用双手抱住小朋友的腰部，然后慢慢地将小朋友抱起，进行原地旋转。

3. **训练次数**：每组旋转10秒左右，然后慢慢将小朋友放下。每次训练4-6组。

4. **训练目的**：刺激小朋友的前庭觉发育。提升小朋友的专注力。

亲子游戏：和孩子一起快乐运动

六、翻山越岭

1.适合年龄：3-6岁。

2.具体方法：准备一张瑜伽垫，家长坐在瑜伽垫上面。小朋友坐在家长的双脚上，后背靠在家长的双腿上。家长双手放在小朋友的腋窝下面。小朋友准备好之后，家长用力抬起双腿，小朋友顺势做一个后滚翻。小朋友站稳之后，家长松开双手。

3.训练次数：每组训练4-6次，训练3-5组。

4.训练目的：刺激小朋友的前庭觉发育。提升小朋友的专注力。提高小朋友的平衡能力。

亲子游戏：和孩子一起快乐运动

七、亲子卡车

1.适合年龄：3-8岁。

2.具体方法：准备一张瑜伽垫，家长做手脚支撑动作。小朋友平躺在家长腹部下面。开始之后，家长用手脚向前、

向后移动,小朋友根据家长的前后移动进行滚动。

  3.训练次数: 每组训练8-10次,训练4-6组。

  4.训练目的: 刺激小朋友前庭觉发育和触觉发育。提升小朋友的专注力。

八、人体秋千

  1.适合年龄: 3-7岁。

  2.具体方法: 准备一张瑜伽垫、一张大床单、一个筐子、若干沙包或玩偶,将床单对折一次,方便家长抓握。家长分腿站在瑜伽垫两侧,先把床单放在瑜伽垫上,小朋友趴在床单上,家长紧握床单两侧。小朋友准备好之后,家长慢慢地将床单拉起来,平稳之后,家长慢慢地将小朋友进行前后晃动。游戏可增加难度,晃动期间让小朋友捡起准备好的沙包或玩偶丢入前面的筐子里。

3.训练次数:每组晃动10-12次,训练4-6组。

4.训练目的:刺激小朋友的触觉发育和前庭觉发育。提升小朋友的专注力。

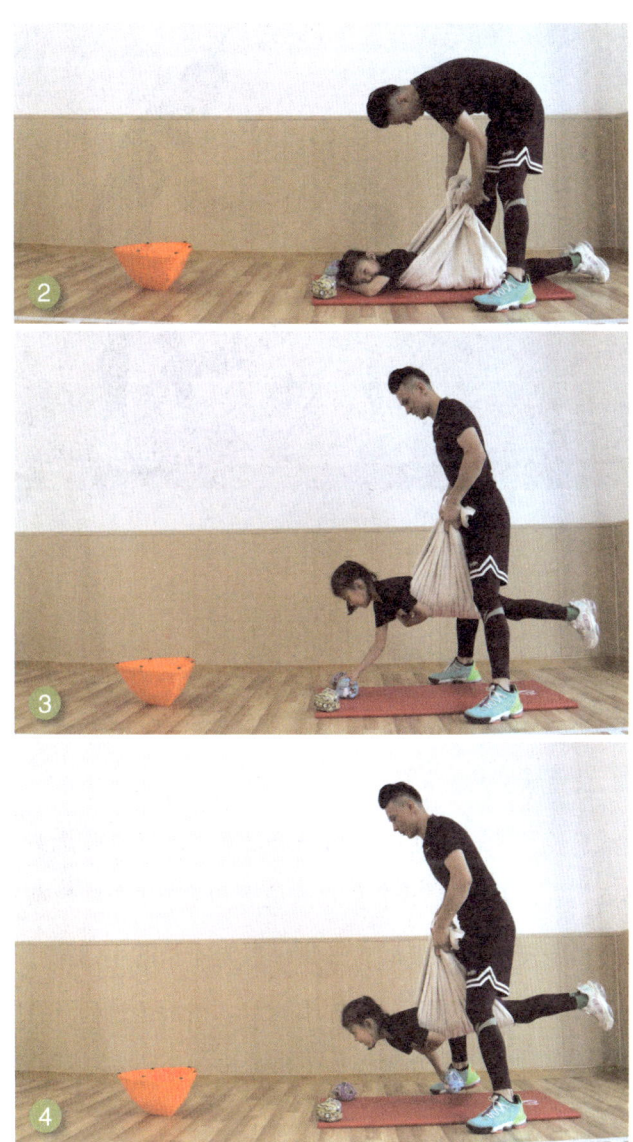

第五章 感统类亲子游戏

九、夹娃娃机

1. **适合年龄**：3-8岁。
2. **具体方法**：在地面上画一条直线，或摆一排道具，作为起点。在距离起点半米左右的位置放置3-5个沙包或毛绒玩具。小朋友站在起点后，一只手握紧家长的手，家长另外一只手放在小朋友腋下，保护小朋友。在不超过起点线的基础上，家长配合小朋友慢慢地将身体倾斜，去抓住沙包或毛绒玩具，并拿回来。

第五章 感统类亲子游戏

3.**训练次数**：每组拿玩具3-5个，训练4-6组。

4.**训练目的**：刺激小朋友的本体觉发育和前庭觉发育。提升小朋友的专注力。

十、齐心协力

1. 适合年龄：3-8岁。
2. 具体方法：准备一张小桌子和桌子上面摆放的色彩积木。家长和小朋友面对面蹲在桌子两侧，听到"开始"口令之后，家长和小朋友同时各自用一只手把看见的力所能及的小积木搬到训练室收起。下一轮训练放在家长和小朋友的脚上面。
3. 训练次数：每组训练8-10次，训练4-6组。
4. 训练目的：刺激小朋友视觉听觉反应，提升小朋友的专注力，帮助孩子的精细动作发育有更加发展。

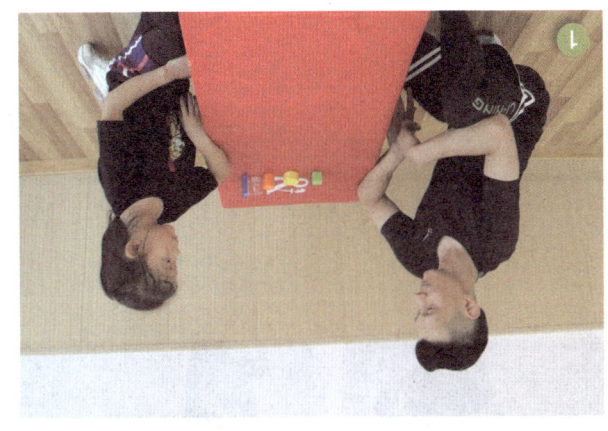

① 家长与孩子桌子两端放玩具

060

亲子游戏：和孩子一起肢体运动

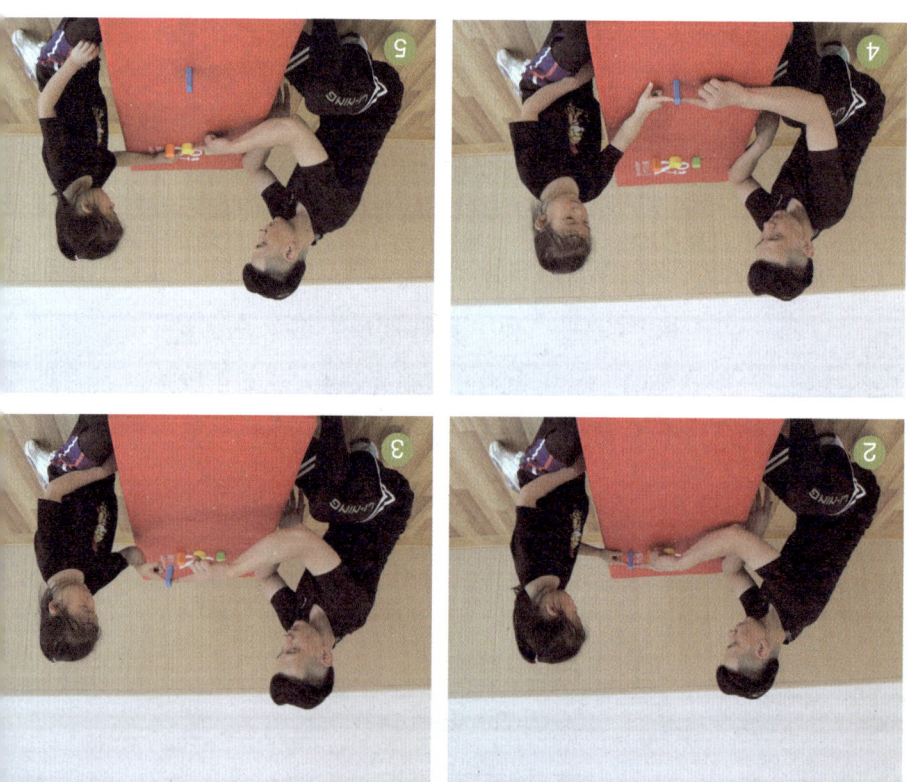